숨겨진 시간

김민서

그리운 나의 사람에게

숨겨진 시간

차례

1. The Daybreak (새벽 이야기)

1	우울의 평면적인 이해를 넘어	11
2	지친 너를 위해	35
3	응원과 충언	53
4	새벽에 나타나는 나	65

2. Blue Hour (개와 늑대의 오묘한 관계)

1	개	85
2	늑대	97
3	개와 늑대의 시간	109
4	욕망	129

3. The Super Moon (슈퍼문)

    1   달   143

    2   인간   167

    3   슈퍼문   185

작가의 말   196

The Daybreak

새벽 이야기

우울한 사람은
다른 사람들 곁에 있으면 안 돼.
난 그들에게 그저
힘 빠지는 존재일 뿐이야.

존재감 없이 살아가다
한순간, 조용히 사라질게.

1

우울의 평면적인 이해를 넘어

반복

메마른 감정이 울고 있어
잔잔하게 울리는 피아노는
흑백이 사진에 제멋대로 슬픈 색깔을 입히고
나는 어느새 구석에 웅크리고 앉아
울고 있어
난 또 다시 울고 있어

20181115, 목요일

우울의 자아

나는 우울을 먹고 자랐다
밑도 끝도 없는 우울의 구덩이를 팔 때 나는
아무 생각도 하지 않았다
나의 우울은 걷잡을 수 없이 퍼져갔고
이제는 우울이 나를 집어삼켰다

나는 어릴 적부터 그와 하나였기에
단 한 번의 저항도 하지 않은 채 사라졌다
저 하늘 속으로 날아갔다
아무 것도 보이지 않았다
가다가 가다가 생각했다

나는 누구인가
나는 우울이다

나는 누구인가
나는 우울이다

나는 누구인가!

나를 사랑하려면
내 우울까지도 사랑해 줘
만약 그러지 못한다면
지옥으로 떨어져버려
아, 맞다.
내가 그곳에 있었지.

나는 깨진 마음이 잘 보여
그거 알아?
아니, 너는 몰라.
너는 항상 아무것도 몰라.

20181030, 화요일

소용

기름에 찬 눈물을 흘리니
화는 번져만 가네

창문을 막고 문을 잠그니
우울이 더 쉬이 들어오네

칼로 찔러 죽이니
점점 더 살아나네

너를 지우면 지울수록
너는 점점 선명해지네

20180511, 금요일

중독

신기해 네가 여기 없는 게
생생해 아직 곁에 있듯이
내 손을 잡아주던
나를 감싸 안아주던
그 차가운 불이 얼마나 그리운지.

이게 꿈이었음 좋겠어
빨리 깨었으면 좋겠어
이게 꿈이었음 좋겠어
이뤄지지 않는 꿈이었으면

도망치지 못해
영롱하되 잔인해
친절하기도 하지, 너무 자세히
너무 생생히 날 죽이고 있잖아.

고통 없이 고통을 주는 너
따라오지 마, 나타나지 마

난 검은 게 좋아
난 검은 개 좋아

넌 밀쳐낼수록 깊이 파고드는 독
네가 싫지만 좋아
넌 너무나도 슬픈 영화
네게서 벗어나지 못하겠어
싫어. 이 세상이 없었으면 좋겠어

20180417, 화요일

Depression

보통 힘든 게 아냐.
이 세상에 나와 공감할 이 하나 없어.
얼마나 나를 압박하고 홀대하는데.

지옥보다도 아플 만큼 아파.
내가 정말 나인지 아닌지도 모르겠고,
행복한 것 같은 때에도 죽고 싶어.

어떻게 벗어나. 난 이미 내 검은 개에 정이 들어 헤어질 수 없는데.
차라리 지옥에 떨어지겠어.
차라리 영혼 없는 짐승이 되겠어.
이것만 아니면 돼.
언제까지 숨막힌 채로 살아야 하지?
누굴 위해서?

난 날 위하고 싶어.
남을 위해 태어난 건 아닐 테니.
한 번만이라도 날 위하고 싶어.

이제 그만 놓아줘.
나 갈게.

20180416, 월요일

인사

"안녕?" 하면
속으로는 안녕하지 못하지만
예의상 "안녕"
답한다.

나는 하루도 안녕하지 못하다.
이제 딱히 안녕하고 싶지도 않다.
나는 도대체 누굴 위해
의미 없는 숨 내뱉고 사는 걸까

20180423, 월요일

부탁

나의 눈빛에서 느껴지는 한숨을 이해해줘
털썩 주저앉은 나의 눈물을 닦아줘
힘겹게 내뱉는 기도의 걸음에 동행해줘
절벽에서 떨어지는 나의 시간을 붙잡아줘

풀려 있는 개를 다시 묶어줘
내 눈물 속에 갇힌 희망을 다시 꺼내줘
해져버린 심장을 뛰게 해줘
내가 살아날 수 있게 고쳐줘

고마워
정말 고마워
이 은혜 잊지 않을게.

20180501, 화요일

어젯밤

시름시름 앓는 어둠 사이로
문틈 사이로 비겁하게 밀고 들어온 가냘픈 빛
새로운 우울이 꽃 피우고
은근슬쩍 침대를 공유하려 하였다

어젯밤에는 간신히 떨쳐내었지만
오늘 밤에는 어떨지 모르는 법.
밤이 되기 전에
나는 더 강해져야 한다.

20181106, 화요일

아직 이른 봄에

내가 아직 사회의 적이 되지 않았을 때,
내가 아직 무엇을 하게 될 지 모를 때,
아직 세상의 많은 것들로부터 금지되어 있을 때
지금
그만두고 싶다.
삶을 그만두고 싶다.
내가 사랑하는 자연을 계속 사랑할 수 있도록
남들의 기억에 어여쁘게 남을 수 있도록
지금
죽어버리고 싶다. 참 안타깝게 말이다.

20180914, 금요일

행복

행복은
내가 나를 인정할 때
찾아오는 것이다.

20180324, 토요일

Plug

마지막으로 어둠에 둘러싸여 눈 감아본 적이 언제였던가.
포근한 베개에
머리를 누이면
떠오르는 수많은 생각
머릿속에 독물처럼 스며드네

애써 지워보려다
다시 깨어 버렸다.

한심해,
쓸 데 없는 걱정들. 감정들. 나.
자야 할 때 불이 켜지고
끝없이 이어지는 생각들
나는 언제 잠들 수 있을까

이미 불행에 젖어 무거우니
더 이상 아무 생각도 주지 말아다오

20180928, 금요일

적

날 영원히 놓아줄 수 없는 강박에 싸여
일거수일투족을 계산하고 후회하는 자신에게서,
말라가는 냇물의 외침을 무심히 지나쳐가는 모습에
나는 나의 적이구나, 적이구나.

20180509, 수요일

나를 위로하려는 그와 벌이는 설전

그저 일러두고 싶었다
그에게 내가 힘들었다는 것을,
내 이야기를 들어줄 이가 있다는 것을.

개인주의 사회와 무관심이
그 또한 적셔버렸을 거라 생각했던 나는
그에게 나 힘들다 했다.

그에게 이러한 전례는 없었는지
어찌할 바를 몰라 했다
그의 딴에는 최선을 다한 거겠지

그런데 어떡하지,
아무 위로도 되지 않고 듣고 싶지도 않아
그의 위로에 반감이 드는 건 왜일까
그저 한 영혼을 절망에 빠뜨리고 싶었던 걸까.

20180530, 수요일

질문

너의 삶의 이유는 뭐야?
- '난 아이돌'
- '노는 거?'
- '그냥 사는데.'
- '나도.'
- '야, 난 그런 거 생각해 본 적도 없는데.'

다들 어떻게 '그냥' 살까.
나는 그게 잘 안 되는데.

20190119, 토요일

화, 목, 수, 월

저 희미한 불빛을 봐
깜빡거리지만 결코 꺼지지 않네
희망 한 방울 없는 고속도로 위
태어난 달빛처럼, 반짝

희미한 불빛은 춤을 추네
휘청거리지만 쓰러지지 못해
내 맘을 아는 걸까
울부짖듯이 춤을 추네

너는 나의 작은 꽃이야
피어나 어서 가도록 해
기억을 잃고서 방황하지 마
누구도 널 해칠 수 없어

저 불안한 눈빛을 봐
흔들리고 꺾여버릴 나처럼
시간이 지나면 작아지고
시간이 지나면 사라질까

마지막 희망 한 방울을 흘리고
처음으로 다이브를 해
추락하는 비행기의 모습
날개를 달고 어쩔 수 없이

감히 나를 단정짓지 마, 너는
헤아림의 가식 속 비웃음으로
칼이 된 너의 혀로 나를 찌르지
차라리 목을 매어줘, 어서

저 희미한 달빛을 봐
강해 보였으나 구름에 먹혔어
약속의 끈 하나 남기질 않고
귀히도 사라졌네, 반짝

20180607, 목요일

바하마타

바하마타 소리질러
바하마타 살려줘
바하마타 듣고 있다면
바하마타, 바하마타

20180603, 일요일

삶과 죽음의 경계선에서

떠나가는 내 숨 잡아줘
흩어지는 내 기억 붙잡아줘
차라리 네가 써버려
기억으로 아파도 좋아

힘이 빠진 채 비틀거리며
간신히 십자가 밖을 본 나
나도 나가고 싶어
아, 나도 가고 싶어

그렇게 결국 나는
십자가로 덮이고 말겠지.

20180518, 금요일

2

지친 너를 위해

도망

요즘 힘들지?
힘들 거야, 아마.
눈을 감아도,
눈을 떠 봐도
보이는 건 아무것도 없겠지.
죽도록 힘들지만 죽기도 힘든 너,
내가 이해해.
내게 보이는 네 우울은
빙산의 일각에 불과하겠지.
얼마나 괴로울까, 너 혼자서
세상의 무게를 모두 짊어져야 한다니.
나도 그래, 너처럼.
힘 없고, 희망 없어.
널 도울 수 있는 방법은 딱 하나야
우리, 함께 도망치자.
가끔은 일탈도 필요하잖아?
우리, 저 깊은 바닷속으로 들어가
진짜로 보이지 않는 것이란 무엇인지 보자.

조금만 더 버티자.
조금만 더 살아주자.
그 다음에, 진짜 도망치자.
일단은 숨만 쉬어줘.

                                                       20180415, 일요일

벽에 쓰는 일기

오늘 하루도 겨우 버텨냈어
잘 했다고, 수고했다고 토닥여 줘.

오늘 있었던 나와의 수많은 갈등은
분명 날 돕고 있는 것일 거야.
정신을 통제하려고 얼마나 많은 노력을 쏟아부었는지 몰라.

죽어있는 삶을 살지 않으려고, 쓸모 있는 시간을 살려고 얼마나 애썼는데.
근데 아직 제자리걸음이네.

내가 너무 참을성이 없는 걸까. 끈기와 의지는커녕 내 몸 하나 내가 못 끌고 다니는 자신이 너무 초라해. 불쌍해. 가엾어 죽겠어.

이제는 알겠니
언제는 알아주겠니
죽겠다고
나 힘들다고.
어떻게 말하더라도 결국엔 나는 지쳤어
힘들어

20180812, 일요일

학생

좋을 때라
지금이 참 좋을 때라
나는 행복해야 한다는데
아무리 노력해도
그럴 수 없는 걸
어떻게 하라고요

20181111, 일요일

괜찮아, 괜찮아

완벽해야 해.
알아들을 수 없다면 스스로를 채찍질해서라도 알아듣게 해.
말을 할 수 없다면 말을 하지 마.
결국 목이 아프고, 배가 아프고, 허리가 아팠다.

특별해야 해.
더 이상 특별하지 않다면 몸무게를 줄여서라도 특별해져 봐.
최대한 먹지 말고, 몸무게에 집착해.
결국 거식증에 걸리고, 괴롭고, 말라갔다.

죽고 싶어.
무엇 때문에?
모든 것 때문에.
나는 내가 싫어.
아무리 도와달라고 소리쳐도
나는 들어주지 않잖아.

괜찮아, 괜찮아.
조금 덜 완벽해도 돼.

신이 우리를 어떻게 만드셨어.
너는 지금도 충분히 대단해.

괜찮아, 괜찮아.
조금 더 평범해도 돼.
평범함은 또 다른 특별함이란다.
너는 지금도 충분히 소중해.

살고 싶어.
무엇 때문에?
모든 것 때문에.
나는 나를 좋아하기로 했어.
나는 나대로 좋고,
나는 나대로 충분해.

20180228, 수요일

힘들어

힘들어하지 마, 내가 여기 있잖아
네가 도움이 필요하면 난, 난 달려갈게 꼭
그러니 날 떠나지 마, 그러니 힘들어하지 마
내가 너를 절대 잃지 않을게

20180524, 목요일

그대는 못났나요?

누가 그러던가요?
당신이 못났다고.
너무 신경 쓰지 말아요.
당신은 결코 못나지 않았어요.

오늘 하루도 열심히 살아낸 그대는
내게 가장 자랑스러운 사람이에요.
못난 이 세상에서 살아남은 그대는
세상에서 가장 잘난 사람이에요.

20180501, 화요일

평범하다는 것

평범하다는 것은

여럿 가운데 눈에 띄지 않는 것
친근하고 이해 가능한 것
정상적이고, 예측 가능하나
자신만의 작지만 큰 장점이 있는 것

머릿속 세계에서 세상으로 통하는 문이 있는 것
그 문이 잠겨 있지 않은 것
어디서나 볼 수 있어 희귀하지 않은 것
소중함을 모르지만 실은 소중한 것

겉으로는 표현 안 해도
진정 사랑할 수 있는 것
조심스레, 불편하게 대할 필요 없는 것
나도 모르게 온기를 느끼게 되는 것
평범하다는 건
또 다른 특별함이다.

그대는
'평범'하다.

20180205, 월요일

시를 읽는 당신은

시를 읽는 당신은
무슨 생각을 할까요
찬찬한 눈길로 만지며
감정을 나열하겠죠

고된 하루를 마무리할 때
그대 기대되나요, 아님 두려운가요
내일을 미뤄보려 버티고 있나요

앞뒤가 꽉 막힌 이 세상 속
삼성이 목말리 더 들어가도 사람들은
신경조차 안 쓰죠
서로에게 신경 쓸 틈도 없는데

아, 외롭고 힘들어라 고되고 지친 하루야
그 어떤 말도 위로가 되지 않아
가식적이고 진부한 텅 빈 포옹 따위
그나마 날 반겨주는 상상 속 강아지라도
있으니 다행이야, 이리와 내가 안아줄게.

시를 읽는 당신은
어느 시간에 있나요
언덕을 뛰어오르다
풀려버린 신발끈 묶는 때인가요

그림의 떡을 보며 그대는
희망스러운가요, 절망스러운가요
잠잠히 흐르는 그림의 시간 속에
발 담그고 편히 쉬고픈가요

그대 충분히 고생했어요
이제 조금만 쉬어봐요
달려온 만큼 힘들 텐데
너무 채찍질하지 말아요

그대의 축 처진 어깨 위
짐의 무게를 알 순 없겠지만
쉬어가도 괜찮아요
정말 괜찮아요

마음에게 마음을 줘요
생각할 기회를 줘요
하나뿐인 인생인데,
소중히 살아줘요.

내가 부탁할 테니
그렇게 해 줄 순 없나요
시를 읽는 당신은
정말 소중하니까.

20180610, 일요일

그래, 너야

그래, 너야.
때론 완벽하지 못해도
때론 흠이 있어도
너야, 모두 네 일부분이야.

20180415, 일요일

우선, 그리고

누군가의 친구가 된다는 건
그와 발을 맞춰 걷고
생명을 함께 나누고
책임지는 것이다

오늘도 난 너의 친구가 되어줄게

2018

실현

이제 꿈에서 깨어나
꿈보다 아름다운 현실을
살아볼래요

불가능하단 건 알지만
꿈은 영원한 피난처가
되어 줄 수 없기에
현실을 피할 수 없기에
죽기에는 너무도 아까운
영원의 한 번 뿐인
인생이기에

그 한 번의 기회를
행복한 기억들로 채워볼래요

20180603, 일요일

응원과 충언

현실

거짓 감정에 휘둘리지 말라
그것은 너를 변덕과 혼동으로 몰 것이다
순수하게 아름답던 가면 아래
무엇이 도사렸는지 밝혀지는 밤

너는 악마의 놀음에 순응하였음을
끝없이 늘어진 진실과 거짓을
피하지도, 깨버리지도 못한 채
그렇게 스스로에게 농락당하겠지

후에 닥칠 폭풍을 감당할 수 있겠느냐
바람이 하는 일은
낮에는 선하게, 밤에는 악랄하게
인간을 우울로 다시금 덮으리니

시간의 기만으로 흐르지 말아라
무뎌지고 투명해진 시간 속
두 개의 얼굴이 하나로 겹치면
죄 많은 자의 육체는 스스로 찢길 것이다

모든 영혼이 잠든 낮에
흐름의 반대를 바라본다면
너의 그 깊은 세상에도
자연의 눈물이 고일 것이다

그러니 흔들리지 말아라.

20180820, 월요일
20181008, 월요일

한 발짝

한 치 앞이 보이지 않아 두렵겠지
하지만 너의 천국은 멀리 있지 않아
나를 믿고 한 발짝 내딛어 봐
그럼 모두 알게 될 거야

네가 마주했던 어둠은 그저 안개였다는 걸
되돌아보니 안개는 이미 걷혔다는 걸
한 발짝을 내딛으니 이제 보이는 건
환하고 따뜻한 세상이라는 걸

한 발짝을 더 내딛고, 그 다음에 또, 다시 또
그렇게 너는 상상 속에서도 보지 못했던 궁전에
들어가게 될 거라는 걸.
그러니 나를 믿고 한 발짝만 내딛어 봐
한 발짝, 두 발짝, 그렇게.

20180516, 수요일

완벽하지 않을 이유

예쁘고 잘난 모습을 사람들은 좋아하지.
완벽하고 깔끔한 모습을 보이고 싶을 거야.
그런데 모두가 완벽하면 세상에 무슨 재미가 있을까?
실수도 없고, 모르는 것도 없어
서로가 필요 없게 될 걸?
물론 예쁘고 잘나고 완벽하고 깔끔한 모습도 나쁘진 않지만
그렇지 않기에 우리는
함께 살아갈 수 있는 거야.

20180415, 일요일

죽고 싶은 너에게

아무것도 눈에 들어오지 않을 거야.
아무것도 귀에 들리지 않을 거고.
마지막 지푸라기를 잡는 심정일 거야.
그런데 너,
정말로 죽고 싶니?
단 한 번이라도 살면서 재미있었던 적이 없어?
단 한순간이라도 네 자신에게 뿌듯했던 적도?
정말로 죽을 뻔한 순간에 너는 어떻게 행동했는데?
죽어도 쉼이 찾아오지 않는다는 걸
너도 알잖아.
지금은 쉬고 싶을 때
모두 제쳐놓고 살 수 있지만
거기서는 어떻게 될 지 아무도 모르잖아.

혹시 알아?
영원히 불에 타들어가야 할지.
혹시 알아?
네가 선택한 죽음이 영원히 후회로 남을지.
혹시 알아?
네가 겨울에 피는 꽃일지.

20180502, 수요일

토닥토닥

토닥토닥
그만하면 잘했어
토닥토닥
넌 나의 최고야

부담스런 말들 대신
너를 꼬옥 안아줄게
그리고 말해줄게
너는 소중한 사람이야

20190120, 일요일

한 톨

밥솥에 숨었어
들키지 않으려고
널 도와주려고
나도 좀 살려고

밥솥에 숨었어
후우, 참 많이도 덥군
땀이 나지만
조금 더 버텨볼게

너의 행복을 위해
난 존재감 없이
여기 이렇게 숨어
널 응원할게

20181111, 일요일

나는 이 시가 마음에 들지 않아

굳이 내 지친 맘을 멋진 말로 풀어내야
내 힘듦의 가치가 더해지는 것은 아니야
그저 힘들다는 내 말
잘만 들어 줘
조용히, 아주 따뜻하게
나와 두 눈 맞춰줘

내가 가진 우울은
누군가가 필요하대
너의 눈은 잔잔한 밤이 되어도
나의 우울은 잠재울 수 없구나

고개를 끄덕이긴 했지만
아니, 난 아직 모르겠어
네가 얼마나 힘든지,
내가 어찌 반응해야 할지.
미안하지만 나도 완벽하지는 못해.

네겐 수많은 사람 중 하나로 남겠지
괜히 감정이 개입해 관계만 멀어지겠지
널 인정하고 아끼지만
널 이해하기엔 내가 부족한가 봐
미안해
대신 널 안아줄게
떠나지 말아달라는 뜻으로

난 네가 필요해.

20181007, 일요일

깨달음

깨달았다
하나 하나가 모두 소중하다는 걸

알게 되었다
너도 아름답다는 걸

20190120, 일요일

4

새벽에 나타나는 나

수고했어

안개 속을 걷는 눈에는
눈물이 맺히지 않았다

그들의 손에는 항상 자신이 들려 있었다
나에게도 그들이 들려 있었다

눈에 담은 세상이 흔들려
뜨거운 구슬이 되어 떨어졌다면
별을 닮은 무지개에
나의 이름도 꾀었을 것이다

내게 이르지 말아라
온 마음으로, 영혼으로 느끼지 못하겠거든
내게 바라지 말아라
오해는 풀어도 감정을 지울 순 없으니

그대 마음에 든 독을
대신 마셔줄 수 없다면

나의 눈물로 채우리라
그대 더 이상 아파하지 않도록

처음으로 새는 낮게 날고
개미집은 자취를 감춘다
차가운 빗방울이 하나 둘 떨어지고
마침내 눈을 들어 하늘을 볼 때
천사들은 보게 될 것이다
우리가 건네는 위로를

20181129, 목요일

얼음들

얼음에 물을 넣을 때
'똑' 하고 깨지는 얼음이 좋아.
'아, 나도 한때는 물이었지' 하며
물에게 너무 딱딱하게 굴지 않는 얼음.
물이 자신을 녹여 없앨 것을 알지만
오만과 편견으로 새로운 이를 맞이하지 않는 것
물은 그 이를 가장 먼저 없애버린다
가장 고통 없이 가라는 배려인 걸까.

20180819, 일요일

비 오나?

뭐가 이렇게 아파.
혹시 비 오나?
뭐가 이렇게 안 돼.
진짜 비 오나?
왠지 너무 우울한데.
비가 오나 보다.

20180501, 화요일

눈을 감고, 농가

농가에서의 삶은
눈을 감아 봐.

선선한 바람, 따스한 햇살
맑은 공기, 확 트인 시야

아이들은 자연의 품에서
지혜를 물려받으며 자라나고

어른들은 보답으로
자연의 우아힘을 지겨주지

강박은 여유로
무관심은 애정으로

아픈 마음이 치유되는
농가에서 살래

아가야, 벌써 돌아왔니?
밥이 아직 따듯하니 어서 들어오너라.

20180603, 일요일

역으로

알지 못해 깊어가는 그리움
바칠 것 없어 만족스런 망자
신비로워 거듭 생각해 본 평범함
새로이 다시 꺼내보는 진부함

언급되지 않아 기쁜 주인공
빗물에서 뛰쳐나온 물고기
두 다리를 잃고 달려가는 토끼
활짝 미소 짓던 내일의 얼음소녀

역으로, 미치 역으로
그들은 어디를 향해 달려가는 걸까?

20180607, 목요일

생각이 안 나

무언가가 생각이 나지 않을 땐
뇌가 넘어져 아파하고 있다는 거야
다시 훌훌 털고 일어나 날아다닐 수 있도록
조금만 기다려 줄 수 있지?

20180531, 목요일

수학(水學)

중력을 거스르며 떠올라
자그마한 방울이, 전구가 부풀어올라
시간이 흘러도 불가능한 것
흘러넘쳐도 결국엔 부족해지지

난 어디에나 적응할 수 있어
때론 스스로 통제할 수 없어
부드럽지만 철보다 강한 나는
부러움을 사지만 나름대로 슬퍼

누구도 날 가둘 수 없어
그러나 난 스스로를 가두고
누구도 날 끌어내릴 수 없어
하지만 난 스스로를 끌어내리고

맘대로 날 물들여버려
네 마음 한 조각 내게 주면
나는 곧 너로 염색되지
한 번 들어오면 내게서 빠져나갈 수 없어

나는 시간과도 같아
돌이킬 수 없는 관계
죽을 수도 없는 나는
멈출 수도 없어 마치

수학, 끝없는 날 연구해
바위로 물 치기
수학, 힘없는 날 분해해
칼로 물 베기야

누가 나보다 약하고
누가 나보다 깊을까
누가 나보다 슬프고
누가 나보다 흐릴까.

20180601, 금요일

이렇게

힘들다
힘 들다
힘 들어올리다
힘들다

무기력하다
무기 력 하다
그의 힘으로
날 내리치다

슬프디
술 푸다
슬피 술 푸다
그대로 잠들다

20180709, 일요일

그 길

그 길은 예뻤다
바삐 뛰어갈 때도
느긋하게 돌아갈 때도
장맛비에 흠뻑 젖어도
첫눈에 살짝 덮여도

나의 기분에 맞춰
맘 상하지 않게 조용히

그 길은 예뻤다
매번 다르게
아름다웠다.

20190127, 일요일

잉여

쓰고 남은 것
처리해야 할 것
비중요한 것
잉여

잉여처럼 투명한 존재
나도 가끔은 필요해
보잘것없는 나지만
나도 주인공을 해 보고파

내콘 잉여가 가장 중요한 거라
난 믿고, 속이고, 우겼었지
남들보다 조금 부족할지라도
누구보다 열심히 한다고

잉여는 절대 완벽하지 못해
허나 완벽이 가장 중요한 것일까?

20180601, 금요일

가장 좋은 방법은
백화점을 가지 않는 것이다

마음에 드는 것을 보면
울화가 치민다.
내 주머니를 굳이 더듬어 보지 않아도
나는 안다
불가능이란 걸.

기분을 한 단계 낮춘 채 넘어간다.
또 넘어간다.
계속, 계속 쉬지 않고 걸어간다.
결국 기분이 바닥나 버린다.
빈손으로 나온 나의 눈에는
길가의 포장마차, 아파트 시장
생각해 보니 이런 것들이
오히려 나를 더 행복하게 한다.

가장 좋은 방법은 백화점을 가지 않는 것이다.

20181007, 일요일

'시련'이 온 이유

나는 우리 집에 '시련'을 초대했다.
그러나 부모님은 '시련'이 하루빨리 독립할 수 있도록 밥도 먹여주시고
잠도 재워주었다.

'시련'은 우리를 수차례 괴롭히고 떠났지만,
대신 그는 우리에게 큰 선물을 주었다.

세상에서 가장 멋진 엄마, 아빠가
세상에서 가장 못난 딸을
예쁘고 소중하게 키워 달라고
나는 엄마 아빠 밑에 태어났나 보다.

20180524, 목요일

Blue Hour

개와 늑대의 오묘한 관계

지겨워.

몇 년 째 같은 숨만 쉬고 있는 게
너무 지겨워.
이제 그만 떠나자.

1

개

한 시간 후에 만나요

바늘 부부는 너무 바빠서
하루에 두 번밖에 만나지 못했다.
그들은 정오와 자정에만
잠시 만나고는 곧 헤어졌다.

쉴 새 없이 달리느라 비쩍 마른 그들
무얼 위해 사는지 의미를 잃어 갈 때
그들보다 마르고 바쁜 이가 지나가며 말했다.
하루에 스물 네 번 만나라고.

참 좋고도 먼 생각이라 하여
탄식하며 오후를 보내다.

자정이 되어 만났을 때엔
그들보다 마르고 바쁜 이가 지나가며 말하길,
한 시간에 한 번씩 만나라고,
1시 6분, 2시 11분, 3시 17분…

참 쉽고도 좋은 생각이라 하여
무릎을 탁, 이마를 탁.

바늘 부부는 너무나 바쁘지만
하루에 스물 네 번 만난다.
그들은 만나면 이렇게 말한다
사랑해요, 한 시간 후에 만나요.

소중했지만 드물었던 시간들
흔하지만 행복해질 시간들

20180609, 토요일

나의 우주

하늘에 놓인 수많은 별
몇 겹의 시간 전 빛나던 그들
여정을 마무리짓는 나의 사람들

저 멀리 안개 속
나의 별도 있을까
오감을 잃는 세상 속 어딘가

불이 언제 꺼질 지 알 수 없는
나의 우주가 너무 두렵다

20181031, 수요일

겁들다

겁이 들다
한 겁의 시간이 흘러
나와 내가 재회하다
나는 겁이 들었다

20180708, 일요일

6:30 a.m.

어릴 적부터 나는
잠을 자지 않는 사람에게는
내일이 오지 않을 거라 믿었다.

그래서 난 오늘 밤을 샐 것이다
내일이 밝으면 또 다시
지옥에 들어갈 것을 알기에
내일이 오는 것이 두렵고 밉기에
이토록 아름다운 오늘의 끝에서
조금 더 버티고파서

나는 영원히 오늘을 살고 싶다.

20180519, 토요일

강아지

내게 한 번만 잘 대하면
그들은 모두 선한 거라 믿었었지
내가 어리석었어

사실 그들은
내 마음을 얻어
날 가지고 놀 생각이었어.

20180604, 월요일

실망

나를 힘들게 했던 것들이 너를 찾아
다시 모든 게 반복되지 않도록
너를 지켜주려 했던 것 뿐이야

20180918, 화요일

아이

저기 떨어져있는 작은 보석
저기, 아니 저거 말고 그 옆에, 그 뒤에...
너에겐 안 보이는구나.

20180611, 월요일

전제 하에

널 위해서라면
내 모든 것을 포기할게
너를 사랑한다는
전제 하에

네가 죽고 싶다면
내가 대신 죽을게
너를 아낀다는
전제 하에

프로크루스테스처럼
널 내게 맞추지는 않을 테지만
네게 내가 맞추는 것은
널 향한 마음의 전제 하에.

너와 내가 영원할 거란 전제 하에
내 영혼을 너에게 바친다
너와 내가 입을 맞춘다는 전제 하에
나는 너에게 목숨을 바친다

20180601, 금요일

2

늑대

레제다 오도라타

레제다,
그대의 따듯하고도 냉철한 초록색 눈망울에는
내가 담겨있습니까.
미친듯이 나를 끌어당기는
그대의 여린 입술에
어느덧
나는 당신의 포로가 되었습니다.*

그대를 본 순간부터 나는
그대에게서 헤어나올 수 없게 되었습니다.
순결의 천사여, 나의 세상에 내려주오.
아름다운 그대, 레제다 오도라타.

20190119, 토요일

* '나는 당신의 포로가 되었습니다' 는 화자, 부바르디아의 꽃말이다. - 지은이

Grey

차디 찬 콘크리트 바닥에 부딪혀
터널에 공허히 울려 퍼진다

얼어붙은 입술과 잔뜩 겁먹어 유리처럼 약해진 두 눈이
진실을 말한다

곧 고개를 떨군 그의 모습은
영락없는 좌절을 마구 쏟아낸다.

20180917, 월요일

유혹

미안해
너의 날개를 찢은 게 나야.

날아가지 마
나와 함께 떨어져요

20180827, 월요일

Restart (돌고 돌아 다시)

돌고 돌아 다시 네 곁으로
내가 미치지 않고서야
안녕이라며 끝냈는데
왜 돌아왔겠어

어떻게 해
난 네가 아직도 좋은 걸
어떻게 해

내가 먼저 뒤돌아봤으니
너도 내 부름에 답해줘
이름을 불러줄 때의 기쁨을
다시 한 번 내게 보여줘

정신이 나갔던 건 지금이 아니라
네게서 멀어졌던 그때의 나
어떤 모습이든 네 영혼을 사랑해
난 너를 놓지 않을게, 약속해

내가 먼저 널 향한 한 걸음
너에게 달려가 우산을 펼칠게
나라는 비를 맞았을 너를
감싸주고 배려의 사과를 할게

사랑해.

20180614, 목요일

이리온

길을 잃었다
네가 보이지 않는다
방금까지 함께하던
네 모습이
네가
언제 사라졌는지, 언제 물러갔는지
시야에 들어오지 않아
점점 화가 난다

네 감정을 박탈하고 격리해 둔 지 오래
꿈 속에서 도망치듯 답답한 시간낭비
총알은 버둥거리지만 널 따라잡아
배가 적당히 부르군, 아주 좋아

손바닥 위의 문신은 뻔한 위치를 표시하고
검게 변한 유리잔과 투명해진 그림자
널 감싸 안는 검은 개와 놀자
조여오는 자신 있는 죽음에 취해버렸네

늑대가 기쁨을 태워버릴 시간에
숨겨온 심장의 사다리 꺼내어
네 얼굴에 종이를 담을 수 있도록
뭉그러진 기억들을 전달할 수 있도록
이리온, 이리온, 이리온.

20180621, 목요일

Letting Go

뒤돌아서면 끝이야
아무리 사랑했어도, 평생을 함께했어도
뒤돌아서면 모두
기억에서 사라지지
함께했던 추억들, 행복했던 순간들
모두 희미해진 채 방황하다 죽겠지
아쉽지만 안녕, 놓아줄게 영원히
네가 자유로워지길 goodbye, goodbye

20180510, 목요일

혼잣말과 독백

내 머리 쓰다듬어줄 사람 어디 있나
누가 나를 토닥여 줄까, 기대 말아
내게 시간 쏟을 사람 아무도 없네
내게 침 뱉을 관심 조차도 없네

불운의 작은 머리 하나, 터벅.
이 세상의 가장 큰 쓰레기 하나, 털썩.
담배꽁초보다도 보잘것없는
구겨진 나의 시간, 째깍째깍 잘도 가네

20180708, 일요일

안녕이라는 말

안녕이라는 말 그 말 뒤에
숨어있던 창백한 꽃이 피어나
쓸쓸한 우리의 마지막을 지켜보네
널 언제나 기다릴 거라는 거짓말
네 덕이었던 내 인생의 최고점
너 때문에 바닥으로 내려온 지금
모두 네 탓이었던 타인의 인생같은 처지
상관을 하지 않을 수 없는 피보다 진한 눈물
그런 나를 버려두고 갔어야 했는데
너무도 착했지 그때의 넌 벼랑 끝에서도
자신은 뛸 준비를 마쳤어도 나들을 끌어올렸지
헌신과 과로의 삶을 나아지게 해줄 수 없어서
미안해
내가 정말 미안해
유서를 쓰며 얼마나 많은 눈물을 흘렸는지 몰라
세상의 온갖 쓰레기들을 받아내느라 수고 많았어
우리의 헤어짐은 안녕으로, 아름다운 추억으로
만질 수 없는 추억으로 남겨두길 바라
사랑을 하지 않아서가 아니야

무관심의 괴물같은 모습도 아니야
망각의 탓, 식은 감정의 탓
그런 말같잖은 것이 이유가 아냐
아쉬웠던 처음이자 마지막일 너와 나
다중적인 말을 좋아한다 했었지
사랑한다는 말 뒤에는 무슨 뜻이 있을까
세상은 좁다고, 우리 또 만날 거라고
아쉽지만 자유로워진 이 기분은 뭘까
난 아직도 턱없이 부족한가 봐
넌 내게 과분하다 못해 어울리지 않나 봐
참 답답했었지 못난 날 사랑하느라
고생 많았어 이젠 놓아줄게, 안녕

20180610, 일요일

3

개와 늑대의 시간

비행기 쇼

비행기
비행기
추락한다 비행기
더 빨리 떨어져라
재밌는 쇼

먹던 팝콘을 떨어뜨리고
나 혼자 환호해
애도 속에 박수를
슬픔 속에 기쁨을

비행기, 그 날
그 꿈 그 속에

비행기, 데자뷰
내가 탄 비행기

20180603, 일요일

날개를단지팡이

날개를 단 지팡이
내 맘을 적셔주네
차라리 네가 없다면
속이 시원할 텐데

날개를 단 지팡이
모였다가 흩어져
모였을 땐 불편하나
흩어지니 외로워

시붕을 꾸미는 알록달록한 원
하늘의 행복은 그들의 고통
눈물은 그들에게 기회의 순간
누가 그들에게 하늘의 짐을 지워주는가
날개를 단 지팡이
바람이 그를 띄우면
손을 떠나 저 멀리
내동댕이 쳐지네

날개를 단 지팡이
감정 없는 도시 위

날개를 단 지팡이
젖어버린 그의 날개

쓰라린 옷 하나

                                            20180603, 일요일

악(惡)

늑대를 키웠다.
늑대를 타고 숲 속을 달리며
내 것이 아닌 내게 주어진 자유를
만끽했다

처음으로
행복했다.

정신을 차려보니
꿈

20180603, 일요일

개미의 삶

개미가 쓰러진다
아무에게도 알려지지 못한 그
그는 누구보다 열심히 살았지
정말 깊고도 험난한 개미의 여정

태어날 때부터 형제들에게 치이고
또 치이면서 힘을 키워나갔지
의지할 곳 하나 없이
혼자 살아내곤 했지

날지도 못하고 화려하지도 않다고
다른 곤충들에게 놀림을 받아왔지
저는 나름대로 매력을 가졌다고
스스로를 달래며 버텨왔어
그 작은 뇌 속에도 사람처럼 많은 감정이, 생각이
꿈틀대며 그를 갉아먹었지
삶은 유한한 것이라 판단한 그는
짓밟혀 죽는 날까지 열심히 살았어

개미가 죽어간다
아무에게도 알려지지 못한 그
자신에게 만족스런 삶이라
생각되면 그만이지

20180610, 일요일

흘러감

너에게 담긴
그 작은 종소리
이명처럼 들려와
비명처럼 부딪혀
황혼처럼 물러가네

너를 품고 있던 지푸라기
한순간에 무너져 내리네
검은 장 녹아가는 의식
이제는 포기해도 되니까

개와 늑대의 마주침처럼
단단한 기운이 또 어디 있을까
그 순간을 기억해 둬

하루가 지나 반으로 줄어
이틀이 지나 투명해지고
곧 존재조차 없어질 세월이
한 치도 보이지 않을 뿐이네

20180607, 목요일

바람

커튼 흩날릴 때
꽃은 함께 흘러갈까

베일이 걷힐 때
꽃은 활짝 피어 있을까

20180706, 금요일

바람 II

부탁하지도 않았는데
편지 되어 날아온 기억들
서로를 끼워 맞춰 내게 슬픔의 도장을
나의 눈물 한 방울, 두 방울

나는 두 방울을 흘렸어
두 개가 겹쳐 하나가 되지 않도록
한 개가 다른 개를 잡아먹지 않도록

왼쪽 눈에서 한 방울
오른쪽 눈에서 한 방울

왼쪽 방울에서 한쪽 눈
오른쪽 방울에서 다른 쪽 눈

불시에 식탁의 치마를 들추고
내 슬픔과 날아가네 저 바람은
완벽한 비를 내릴 것처럼 굴더니만
가 버렸네.

20180706, 금요일

의미부여

돌아가지 못해
과거의 사진 속
우린 웃고 있어
아니, 아닌 듯해
우린 두려움을
떨쳐내고 있어
애써 외면하면
행복해질 줄 알았지만
어쩔 수 없이
우리도 알고 있어

영원한 건 없어
육체적이던, 정신적이던
자연적이던, 강제적이던
모든 것은 끝이 나야 한단 걸

모든 것은 끝이 나야 한단 걸
알면서도 모른 체하고
서로 입만 꾹 다문 채
끝나가는 침묵의 효력

사진 속 우리는
복잡한 감정을 들고 있어

20181104, 일요일

결석

학교가 있다.
교실이 있다.
책상과 의자가 있다.
학생들이 있다.
칠판이 있다.
선생님이 무언가를 적으신다.
나는 오직 이름으로만 존재한다.
나는 오직 글자로만 존재한다.
결석: 김민서

20180510, 목요일

Blue Hour

새벽의 끝자락에서 조금 더 버텨보네
낭만과 공포와 몽환을 골고루 섞어
어지러워, 세상이 이렇게도 파랬나
세세한 하늘의 움직임이 크게 느껴질 때

다이아를 문 듯, 진주를 품은 듯
보이지 않는 선명한 너의 빈자리를
뒤늦게 찾아봐, 잠깐이었지만
아주 행복했었다고 말하고 싶은데

멀게만 느껴졌던, 크게만 보였던
하늘이 낮아졌네, 우울하게 잠드네
반짝 찾아오고 유유히 물러가는
지나치게 겸손한 나만의 시간

20180608, 금요일

시계가 멈추는 날

너라는 사람이
너라는 느낌이
날 온통 감싸고
떠나질 못하네

시간이 지나면
시계도 언젠간 멈춰버리겠지
그때 나는
어느 세상에 있을까

20181224, 월요일

랜덤 플레이리스트

너를 구현하는 한 가닥 외로움
잔잔한 미소를 가장한 쓰라린 죽음
노력의 환각에 비눗방울처럼 맴돌다 터지는 기억
빙글빙글 잘도 돌아간다
무의식의 랜덤 플레이리스트

20181022, 월요일

hYPnOtizE

기묘해 너의 눈빛
잠에 취한 듯 힘을 뺀

사방으로 환상이 보여
무한을 지나 백으로

숨을 들이쉬고 다시 또
천천히, 마음을 끌어 내뱉어
회상해 봐 너의 지난날들을
이제 앞을 봐, 도착했어

20180531, 목요일

4

욕망

욕망

다 가질 수 있잖아
더 할 수 있잖아
죽는 한이 있어도 계속 가
맞아, 욕심은 끝이 없어

내 말을 들어
두 눈 똑바로 떠
어서 고개를 들어
쓸모는 있어야지

어제 잃은 것은 오늘 되찾아
몇 배로, 아니 몇 십 배로
내가 죽을 때까지 호화롭게 살도록
어서 내 지갑을 채워

20180603, 일요일

돈거지

내가 가장 중요한데
왜 나의 값은 정해져 있나
하찮은 돌도 비싼 조각품으로 팔리고
하찮은 물도 점점 값이 오르는데

나의 값은 변하지 않고
남들과 밀착되어 매일을 여행해
나 아무리 노력해도
나의 가치는 절대 변할 수 없어

하다못해 날 동전들과 바꾸너라
이젠 나를 토막낼 작정이군 그래
이마에 적힌 숫자에 맞춰
내 삶의 수준이 바뀌어야 하는 거니
나에게는 위대한 인물이 그려져 있어
나는 참으로 소중한 존재야
아무리 스스로를 달래봐도, 위안해봐도
그들은 나를 낭비하고, 구기고, 도박도 하지.
돈을 사랑한다고는 하지만

사실 그들은 이마 위 숫자를 사랑하는 것이야
돈이 좋다고 하지만
사실 그들은 날 버리고 물건을 데려가지

나는 세상에서 가장 어이없는 불행이야.

20180529, 화요일

홈

어서 따라 그려
홈을 파 놓았어
완성된 밑그림에
색감만 채워
답은 정해져 있고
넌 확인차 말하면 돼
결국 다 네가 한 거야
나는 처음부터 몰랐던 거야

왜 이렇게 잘해주냐고 묻는다면
돈 때문인지 속 때문인지
너만 보면 화가 나
왜 잘하지 못하는 거니
오늘의 홈도 채워 봐
어서 채워 봐

20180706, 금요일

악마 떨쳐내기

상스러운 악마야
너는
내가 경멸하는
나를 닮았구나

더러운 물에서 놀면
함께 더러워진다지
널 씻어내면 너는
누구에게 달라붙을까

성도 없고 이름도 없어
누구의 몸에도 들어갈 수 있겠지
이름이 없거든 그대로 죽고
영혼이 없거든 그대로 사라져라

지옥에 떨어져
영원히 감기지 않는 세상의 눈
너를 감시하길

썩어버릴 놈.

20181219, 수요일

대학

항상 결론은 대학
너도 나도 대학
왜 자꾸 나한테 그래
너도 대학 때문에 그러니?
학대.

20190120, 일요일

걱정

거절당하면 어쩌지
내가 부족했다면?

놀림 받으면 어쩌지
내가 틀렸다면?

해이해지면 어쩌지
내가 못 버틴다면?

우울해지면 어쩌지
내가 못 참는다면?

20190119, 토요일

시간이 없어

별 생각 없이
하루가 지나가고

그리고 후회해
또 하루를 버렸네

시간이 없다는
몹쓸 핑계에 기대어

아무것도 못한 채
모든 걸 후회하는

20180509, 수요일

시계와 나

시계는 매일 달리는데
과연 힘들지 아니할까
나는 달리지도 않는데
왜 이렇게 힘에 부칠까

시계는 세상을 위해 돌아가는데
나는 세상에게 어떤 존재일까?
왜 힘들어도 쉬지 못할까
시계에 입을 달아준다면
무슨 말을 할까
시계와 나

20180509, 수요일

The Super Moon

슈퍼문

나 아직 더 원하는
숨이 남았지만
슬피 불러 안녕, 내 사랑

1

달

별의 항해

이별을 고했다
별처럼 빛나던 우리
공유했던 눈망울
오늘 밤, 이 별이 졌다.

꿈에 나온 해와 달
서로를 등지다 해가 입을 여니
그가 살던 별의 사인이
무엇인고, 하였다

이에 달은 부르르 떨며
메마른 바다를 또 한 번
쏟아내더라

해는 오늘따라 더 유난한데
내게는 어쩜 이리 어두운가
따가운 해의 시선도
겨울의 그림자를 완전히 쫓아내지는 못하였네

20181211, 화요일

나의 이별

영원한 이별을 한다는 건 어떤 느낌일까
다신 볼 수 없을 모든 것
아직 느껴보지 못한 미지의 것들도
모두 뒤로한 채

날 둘러싸던 들숨과 날숨
여태 꼭 붙어 지냈던 익숙한 것들에게
마지막 눈길 하나 하나 주다가
예상치 못한 곳에서 눈물이 핑, 돌겠지

열차는 기다린다지만
나는 아직 표를 사지 않아
놓쳐버릴 수도 있는데
나 작별인사를 미리 하지 못했어
마지막을 함께할 수는 있지만
그 마지막을 알아챈 순간 그럴 수 없어

미련이 남겠지
얼마나 후회스러울지는 나도 몰라
외로운 길, 설레는 길 떠나는 날 미워하지 말아요
어차피 우리 언젠가는 이별하게 될 거였으니까.

20181010, 수요일
20181107, 수요일

네가 없는 이 밤은

네가 없는 이 밤은
달도 밝힐 수 없네
혼자 덩그러니 앉아
골똘히 생각해 보았네

나도 꽤 불쌍한 놈이지만
나보다도 불쌍한 너
그런 네게 내 짐을 지워
얼마나 미안하고 후회가 되는지.
네가 없는 이 밤은
공허하네, 외롭네

20180501, 화요일

행복에 눈물을 덧칠하다

그의 출생은 후의 비극을 몰고 왔다.
내가 사랑한 이와의 안녕
내가 사랑하게 된 이와의 인사

눈물로 얻었다
그 눈물, 그 울음
태생의 울음이었으리라

남은 이는
오직 하나 뿐이지만
그래서 더욱 애틋하게

그가 죽는 날에는
나도 한 번 더 죽으리라

20181105, 월요일

여린 마음으로

정작 필요할 땐
아무도 내 곁에 없어
나는 아무도 필요로 하지 않아
수많은 상처들로 이루어진 깨달음
나는 오로지 혼자야
나는 혼자야
난 혼자야
결국엔 이겨내지 못하겠지

20190111, 금요일

별

별 하나
외로이
밤을 지키는
새가 되어

20180518, 금요일

Eclipse

선택 받은 자들만이 볼 수 있는
어쩌면 평생 만날 수 없는
황홀한 환상의 결합

반짝 빛난 시간 사이로
행복해 보이는 어둠을 찾아서
그들의 향기를 담아가고 싶어
아름다운 아우라를 간직하고 싶어

사실은 모두 거짓말이었어
눈만 속이면 재미있는 일인 줄 알았지
그런데, 순수한 너희를 보니
알 수 없는 슬픔이 밀려오네

나도 너처럼 순수한 사람으로 다시 피어나
하루만 그렇게 살 수 있다면
환상의 작품은 내가 아니라
바로 너야

20181022, 월요일

하얀 밤

오늘 밤은
하얀 밤
토끼가 한 땀 한 땀
손수 정성스레 떠서
만들어낸 빛나는 어둠

하얀 밤이 찾아오면
그대 나를 기억해주었으면
이런 밤이 지나가면
그대 나를 또 기다려주었으면

사뿐, 사뿐 내려오는
심장이 굳은 여린 공기
사이사이 비치는
색을 잃은 무지개

오늘 밤은
하얀 밤
그대 저 멀리 보이네

20180530, 수요일

온새미로 독도, 독도

언제부터였을까.
양 옆의 나라 둘
저희 것이다, 아니다
끝이 없는 말싸움

고래 싸움에 새우 등 터진 격
날 부를 때마다 더욱 더 왜소해져
그렇게 밝고 맑았던 내가
전쟁과 싸움의 이미지로 등극한다

막연히 지킨다 하는 이와
그새 데려가려 하는 이가
나의 옆에 바짝 붙어
떠날 기미 안 보인다
정작 나는 아는데
내 그 이 누군지 아는데
나에게는 입이 없어
말하지도 못하네
누가 나를 바라볼까

누가 나를 사랑할까
오늘도 쓸쓸한 하루가
두 팔을 버티고 우뚝 섰네

일 년 중 딱 하루
냄비 속 끓는 물
딱 하루 사랑하고
등 돌려버리는 그

작지만 큰 가능성을
내포하고 있다며
날 데려가려 하는
저 도둑을 잡아라

사랑한다면 알아줘
약속과 실천은 다르다는 걸
점점 멀어져 간다면 넌
언젠간 날 잃고 말 거야

전쟁과 아픔에 시달리던 그땐
나름대로의 이유가 있다 했었지
지금의 상황은 다르잖아
그래도 날 내버려둘 거니

애매한 상황이 싫어
제발 날 이해해줘
너의 사람들 모두에게
진실을 알리지 못한다면

어렸던 네가 좋아했던 난
어느 날 사라져버릴지도 몰라
네겐 갑작스러워 보일지 몰라도
난 서서히 옮겨간 것이라

난 너와 함께이고 싶었어
너는 나를 전적으로 대하지 않았지
이대로 살아갈 수 없었던 나는
되는 대로 너의 사람들을 품었어

복잡한 상황에서 구해줘
난 네 생각보다 소중해
나의 소중함을 너도
어느 정도 알아줬으면 좋겠어
정말 내가 네게서 달아나면
그제서야 날 조금이라도 찾을 거니
내게 관심조차 없던 네가 후회하도록
꼭 그렇게만 해야 하겠니

사랑한다며 뒤돌아 설 때
복잡한 그 뒷모습 잊을 수 없어
베일에 가려진 네 마음은
너조차도 읽을 수 없어

꼭 이익 때문만이 아니라
나를 있는 그대로 사랑해 줘
꼭 정 때문만이 아니라
나를 진심으로 사랑해 줘

바람 타고 날아가
저 수많은 섬들 중 하나
나 그들 가운데 하나로
숨었으면 좋겠네

남들과 같았던 그때로
중요하지 않았던 그때로
충분히 바꿀 수 있던 과거와
너와 나를 위한 미래로

언제까지일까.
그들은 포기를 모르는 구나
하긴, 우리도 지키지 못하니
그들만 탓하고 있을 순 없겠지

독도는 매우 작지만
그렇다 해서 가볍지만은 않아

눈독이 흘러 피눈물 내리는
적으로부터는 지켜야 하겠지

200여 명의 가짜 주민
그것만으로도 충분히 지킬 수 있어
지금으로서는 대책이 없어
이 말고도 문제가 너무나 많아

세상이 난장판인데
어찌 땅덩어리 정복 싸움
그저 과거를 탓할 뿐
진실의 희생에 지칠 뿐

처음부터 이렇지는 않았어
분명한 건 우리 것이라고
진실은 절대 변하지 않아
조마조마해하지 말고, 이제

비 오는 날, 편의점 앞
두 소년이 다투네
보아하니 말싸움
소소하니 돌아서려는데

무언가가 이상하다
조금 더 지켜보자
나타나는 이상한 점
하나 둘이 아니네

각자 사탕을 한 봉지씩
주머니에 넣어두고
소년이 물고 있던
작은 사탕 가지고 싸우네

말로만 자기 것이라 한다
정작 사탕은 내팽개쳐졌네

그 모습을 보던 나
혀를 끌끌 차며 지나갔지

문득 독도가 생각났어
마치 두 소년의 싸움처럼
한국과 일본 또한
애타는 말다툼 중

독도는 버려진 채
얼마나 울고 있을까
그를 토닥이기 위해
한 번만 가볼 수 있다면

이들의 말은 모두 다르네
다르면서도 어딘가 맞네
퍼즐을 맞춰보면 나오는 답

독도는 엄연한 대한민국의 땅

울릉도와 독도는 형제다
울릉도가 우리의 것이면
독도 또한 우리의 것이다

독도의 날에만 바짝 사랑을 주고
나머지 364일은 무관심으로
무딘 아픔을 겪게 하지 않도록
우리가 가꾸어야 할 그 이름

일본이 해하지 못하도록
더욱 신경 쓰고 지켜주고
무엇보다 아껴주고 지켜주자
시간이 흐르면
시련은 지나간다
그러나 회피만 한다면
어찌 기쁨이 찾아오겠는가

진실은 진실이다
역사가 말한다
독도는 우리 땅
그 '우리'를 대한민국으로.

20180615, 금요일

2

인간

사랑

참 웃기기도 하지.
한 번도 본 적 없는 이에게
내 삶을 빼앗기고 영혼을 바칠 만큼
그 이를 사랑하게 되다니.

20181001, 월요일

완벽주의자

그의 완벽함을 세상은 질투했고
그 자신도 그걸 감당할 수 없었다

그는 도저히 살 이유를 찾지 못했다
마지막 피 한 방울을 짜내고 그는
어둠 속으로 들어가
숨을 자연에게 돌려주었다 .
그는 완벽함의 부작용이었다

그를 고이 보내주어라
하나 나에게는 아직 이르다
곧 돌아올 기억이 해를 뒷짐지고 달려드는구나

20181106, 화요일

Cross

너의 눈길이 내게 머물다 떠나간다
이명이 들린다, 이별이 들린다

내가, 이렇게도 우울한 내가
한껏 행복했다. 너와 함께.
'이 세상에 영원한 건 없어'
난 그 사실을 잘 알고 있어

유한의 시간, 감히 예측할 수 없는
그 시간 속에 추억을 담아두려 했다
너의 삶이 끝나버린 순간
내 삶이 시작될 줄이야

네가 쓰던 어둠에
언젠가 내가 들어와
우린 함께 했었다
그땐 우리 알지 못했다

예정에 없던 너의 결정에
이제는 낮과 밤이 다르지 않아
곳곳에 흩뿌려진 기억을 붙들고
나는 심장이 멈춘 채 태어났다.

20181012, 금요일

사인(死因), 사후(死後)

그의 영혼은 육체를 떠나
돌아올 수 없는 바다에 머물렀다.

그의 기억은 마지막 숨과 함께
허공에 떨어져 산산조각이 났다.

결코 한 순간이 아니었다
중간에 끊긴 것도 아니었다.
그는 어디로 가는가, 어디로 가는가
그 답을 내가 알 수 있다면

같은 곳에서 영면할 수 있을까
널 찾아 헤매
너와 같은 길을 택하면
너와 같은 곳에 잠들겠지

우리 함께할 수 있을까
서로 다른 시간에 갇혀 영원을 살게 될까
아무도 가보지 못한 그곳의 시간은
어떻게 흘러갈까 궁금하다

솔직히 난 두려워
너 하나만 보고 너 하나만 믿고
난 네게 특별해지고 싶어
난 안아줘, 날 알아봐 줘

내 삶을 넘어서
내 영혼, 또 영원을
네게 바칠 거야
난 널 믿을래

20180914, 화요일
20181007, 일요일

그 리움

이것은 그리움이다
복잡하면서도 텅 빈
즐거웠음에도 허무한
너무 복잡해서 텅 비워지는
즐거웠기 때문에 허무한
그래서 더욱 미뤄지는
그래서 더욱 사무치는
나의 가장 큰 행복이었던
이제는 근심이 되어버린

20170312, 일요일

유령신부

화려한 커튼에서 너의 웨딩드레스가 보여
너와 손 잡고 징검다리 건너 새로운 삶 살고파
신랑, 하객, 사회자 모두 있지만
텅 빈 결혼식장, 너만을 기다려

주인공은 늦게 오는 법이라 했나.
근데 언제까지 기다려야 하는 거니.
불러도 대답 없고
찾아도 보이지 않는
유령신부가 되어버린 너
네가 부르면 난 갈게, 조금만 기다려.

20180501, 화요일

한계

참으로 비통하구나
너의 눈
너의 숨
잊고 살아가다
한 번씩 떠오를 때마다
가슴이 이토록 아리는데

고통의 창조주는
어디에 있는가
내가 선 이곳인가,
구름 너머 저 멀리인가.
베일에 싸인 비열한 그

얼굴 잃은 표정들이
누구에게 옮겨 갈까
마음 잃은 감정들이
누구에게 옮겨 갈까
베일에 싸인 완전한 너

20181206, 목요일
20190118, 금요일

일 년

가네 가네
모두 흘러가네
너 없이, 날 그리 놓고 가네

널 잡지 못하는 인형마냥 날
두고 가네
매정한 그대여

오네 오네
비로, 눈으로, 나에게로 내려오네
그대 날 잊지 않았음에
내려오네, 나의 눈물

20181104, 일요일

기억할게

세상은 너무 잘 잊어
뭐든지, 시간이 지나면
아니,
시간이 그들을.

시간은 매정한 선생
그만큼 어렵고 존경해
죽도록 믿지만
오랜 고민 끝에는
널 놓고 가야 해

그 속엔 아직
시간을 붙들고
너를 잡아두는 이들도
시간을 받아들인 채
너의 기억을 붙드는 이들도
시간을 놓아준 채
허무한 탄식하는 이들도

너는 세상의 기억에서는 없어지겠지만
사람들의 기억에서는 잊혀지지 않을 거야
너는 부정할 수 없으니까
너는 우리 곁에 있으니까

20181111, 일요일

그리운 님에게

여러 글 가운데 그 이름 보이니 심장이 쿵 내려앉았어요. 당신이 너무나 보고 싶어요. 힘들어. 시간을 놓아준 날을, 나를 후회해도 변하는 건 없겠지. 영원한 시간이 정말 있다면, 그 영원 동안 나는 당신을 잊지 않을 수 있을까?

점점 다가오는 겨울을, 한 바퀴 돌아오는 그 시간을 어떻게 받아들여야 할지 모르겠어요. 하지만 우리, 서로를 생각해내며 보이지 않는 두 손 꼭 붙잡고 있는다면 그 자체로 위로가 되지 않을까요. 내 진심이 당신에게 닿지는 않을까요.

오늘도 따뜻한 포옹의 말들로 내 마음을 잔잔히 해 주어 고마워요. 당신에게도 편안한 밤이 되길. 잘 자요. 내일도 우리 함께해요.

20181101, 목요일

산하엽 (故 김종현 님께)

산하엽처럼 투명해져 버린 너를 붙잡고
하염없이, 희망 없이 울었다.
약보다도 지독해진 우울이 날 삼켜버렸다.

하지만 투명했던 너는 초라한 나를 꼬옥 안아주었다.
너는 나에게 점점 선명해지고 있었고,
내가 너에게서 벗어날 수 없음을 받아들이는 순간
너는 내 영혼의 일부가 되었다.

태엽을 감아 다시 재생해보는 너란 오르골
내 손에 들려있는 산하엽
고마워요.
수고했어요.

20181212, 수요일

3

슈퍼문

이상

오, 나의 이상이여
이제 내게 다가와주지 않으련
오, 나의 이상은 그대뿐인걸요

이상하리만큼 아름다운 나의 당신
그래서인지 더 끌리네

더 이상의 것은 없네
이상의 경지에 이르렀소

이상하게도 찾을 수 없네
나의 이상한 이상인 그대여

20180529, 화요일

볼매

흔히들 '볼매'라고 한다
볼수록 매력 있는 것.

한눈에 반한다는 것은 거짓이다
외형만으로 색안경을 쓰고
그가 내 정신을 지배하도록 내버려두는 것이니

중요한 것은 본래의 모습이다.

달이 당신을 비출 때
그림자가 생기지 않도록,
아름다워야 한다
볼수록 매력 있는 당신은

20180529, 화요일

눈을 감으면

깊은 눈을 감으면
무거운 눈꺼풀이 살며시
속눈썹들이 입맞춤하면
비밀스런 눈의 향기가 사라져
아직은 안개 속에 묻어있을 텐데

달콤한 사랑의 가루로
너의 세상에 옮겨와 잠겨
너는 오늘도 화창하구나

너의 미소를 뿌려줘
언제나 그 자리에서 수수히 빛나도록
그 자리에도 너를 남겨줘
20180706, 금요일
매 순간 아름다워서

매 순간 아름다워서
눈물이 마르지 못해
네가 혼자 아파해서

그 아픔이 나를 짓눌러
너와 함께할 수 있다면
그게 어디든, 얼마나 아프든
몇 번이고 찾아갈 거야
그곳에서 너와 나는 영원할 거야

20180910, 월요일

다섯 번째 계절

따스한 미소의 봄
뜨거운 사랑의 여름
후회와 아쉬움의 가을
그리고 정리의 겨울

너와 내가 함께 만드는
다섯 번째 계절
그 계절에는 우리 둘이
우리 둘이

봄이 싫은 따뜻한 겨울같은 계절
힘들고 행복했던 가을같은 여름
마지막을 인정하기 싫어
그 골목에 서 뒤를 돌아본다
너는 내 앞에 서서
그 어느 말보다도 따뜻한
복숭아색 눈빛으로 날 감으며
내가 살며시 넘어가게 한다
너와 내가 함께 만드는

다섯 번째 계절
그 계절에는
우리 둘만 있기로 해요

그날이 오면
하얀 드레스에
향기로운 꽃다발을 쥐고
너를 맞으려 해

그날이 언제 올까
아마 꽤 멀었을 거야
평생을 기다릴게
그 계절이 올 때까지

약속해줘

그때까지 날 기억하겠다고

난 너와 함께

다섯 번째 계절에 있을게.

20180603, 일요일

편히 떠나가라

헤어짐은 그 인사의 말이 해지도록 부르고 또 불러도 끝내 사무치도록 슬픈 것이지요.
그러나 인생은 헤어짐 뿐만이 아니란 걸 알아둬요.
헤어짐이 있기 위해서는 만남이 우선이고, 헤어짐 이후에는 또 다른 만남이 생긴답니다. 그게 누구든, 그게 어디든, 그게 뭐든.

20180604, 월요일

...

있을 때 잘 해
떠난 뒤에 후회하지 말고.

웃을 때 잘 해
등 뒤에서 미안해하지 말고.

그 사람은 오직 널 위해 살아왔어.
이제 너도 그 이를 위할 때가 되지 않았니?

이 시의 제목은 '부모님'이야.

20180501, 화요일

Unconditional

그래도 널 사랑해
네가 어디에서 왔던
네가 어떤 모습이던
영혼이 너면 돼, 그럼 돼.

20180525, 금요일

작가의 말

2019년 1월 29일
시인은 슬프다.
시인은 매일 밤 마음 약한 두 눈이 부을 때까지 마음으로 운다. 꿈에서도 마찬가지다.
나는 우울하다. 사람들은 이런 나의 모습을 무시하고 오직 나의 밝은 면만을 인정하고 좋아한다.
그러나 우울은 예술에게 있어서 매우 중요한 뮤즈이자 조언자이며, 대중 또한 우울을 바탕으로 한 작품들에 더 열광한다. 우울은 삶에서 배제해야 할 대상이 아니다. 나는 우울에 길들여졌지만 이제는 내가 우울을 길들이려 한다. 이제까지 버텨낸 것만으로도 나는 참 대단한 사람이라는 것을 알아주었으면 한다. 그러면 시인은 기쁠 테니.

2019년 2월 3일

시인은 기쁘다.

가장 사랑했고 사랑하는 이와의 작별 인사 후 나는 그가 가장 좋은 곳에 안식함을 확인하여 기쁘다.

슬프다.

어찌할 수 없는 멍한 슬픔을 견딜 수는 있을까.

그러나 이제 그는 마음으로 존재한다. 나를 위해, 가족을 위해, 또 그를 위해 그는 마지막까지 이벤트를 해 주었다.

나 대신 죽어 주었다. 죽어있던 나를 살려내고 대신 죽었다.

평생 갚아야 할 은혜, 또 평생 기억해야 할 선물

그는 나의 아버지다.

숨겨진 시간

지은이 김민서

1판 1쇄 발행 2019년 3월 11일

저작권자 김민서

발행처 하움출판사
발행인 문현광
교 정 성슬기
디자인 임민희
주 소 광주광역시 남구 주월동 1257-4 3층 하움출판사
ISBN 979-11-6440-004-1

홈페이지 www.haum.kr
이메일 haum1000@naver.com

좋은 책을 만들겠습니다.
하움출판사는 독자 여러분의 의견에 항상 귀 기울이고 있습니다.

- 값은 표지에 있습니다.
- 파본은 구입처에서 교환해 드립니다.
- 이 책은 저작권법에 따라 보호받는 저작물이므로 무단전제와 무단복제를 금지하며, 이 책 내용의 전부 또는 일부를 이용하려면 반드시 저작권자와 하움출판사의 서면동의를 받아야합니다.

이 도서의 국립중앙도서관 출판예정도서목록(CIP)은 서지정보유통지원시스템 홈페이지(http://seoji.nl.go.kr)와 국가자료종합목록시스템(http://www.nl.go.kr/kolisnet)에서 이용하실 수 있습니다. (CIP제어번호 : CIP2019007291)